MASAKO MIZUTANI
STYLE BOOK

水谷雅子　スタイルブック

双葉社

始
Prologue
はじめに

　雑誌やテレビ、イベントなどに出させていただくようになって以来、ありがたいことに皆さんに私のことを知っていただけるようになりました。
　実際にお会いした方によく言われるのが、「水谷さんは普段どんな生活をしているんですか？」
　ということ。

　特にプライベートを隠しているつもりはありませんが、普段の私に興味を持っていただいているようで、よくそんなふうに聞かれたりします。
　「家のことは、お手伝いさんにやってもらってるんじゃないですか？」
　中には、そんなセレブなイメージを持っていただいている方もいるようです。

　実際の私は、お手伝いさんがいるようなセレブな生活ではなく、家事も掃除も洗濯も全部自分でこなしている、ごく普通の主婦です。主人と24歳になる娘、今は家を離れて大学に通っている22歳の息子の4人家族です。
　そんな私のファッション、食事、家事、趣味、美容……。この本には、普段のありのままの姿をご紹介させていただいています。ちょっと恥ずかしいですけど、今回初めて公開させていただくものばかりです。
　「水谷雅子って本当はどんな人なの？」
　少しでもそんな興味を持っていただけたのなら、ぜひ手にとって読んでみてほしいと思います。
　この本には素のままの私、"すっぴん"の水谷雅子が詰まっています。

Contents
もくじ

002　Prologue　はじめに

006　Chapter 1　衣　Fashion
008　水谷ファッションのキーアイテム
016　キーアイテムを使った着回しコーデ
026　Cool Style　From Masako's Blog
028　Feminine Style　From Masako's Blog
030　Casual Style　From Masako's Blog
032　Mannish Style　From Masako's Blog
034　TPO別ファッション
042　水谷家のファッションスポット

046　Chapter 2　食　Food
048　水谷家の食卓
056　水谷家の台所
058　Masako's Favorite Nagoya Food

060	Chapter 3 (住)	**Life**
062	Time Schedule	
064	水谷式家事	
070	水谷家のインテリア	
072	趣味の時間	
080	Chapter 4 (美)	**Beauty**
082	アラフィフメイク術	
086	アラフィフケア	
092	Masako's Favorite	
098	Interview	
106	Epilogue おわりに	
108	SHOP LIST	

005

衣

Chapter 1
Fashion

The Key Items in Masako's Style

― 水谷ファッションのキーアイテム ―

やっぱり着回しがきくアイテムは重宝しますよね。
「これだけ押さえておけばコーデの幅が広がる」
水谷ファッションの7つ道具をご紹介します！

01
Key item
Setup
着回しの幅が広がる
セットアップ

Key item
01

FRAY I.D

Key items

流行りのガウチョパンツとタートルネックトップスのニットセットアップ。丈感や素材感が気に入って、色違いでもう1セット購入してしまったほど。実はホワイトとグレーの2セットあることで、着回しバリエーションもぐんと広がるんです。

02
Key item
Flared Skirt

子供っぽくなりすぎない
膝丈フレアスカート

Key item
02

LE CIEL BLEU

カジュアルにもガーリーにも、大人っぽくもなれる膝丈フレアスカート。こちらも色違いでブラックとホワイトの2色をゲット。気に入った形のものは結構色違いで買ってしまうことが多いですね。印象もだいぶ変わるし、おすすめです。

03
Key item

Jacket

タイトなサイズ感の
ジャケット

Key item
03

Ralph Lauren

ジャケットを着るだけで気持ちが引き締まるような気がします。カジュアルなコーディネートでもジャケットをプラスするだけでキレイめな印象に。おすすめカラーは合わせやすいブラック。大人なら1着は持っておきたいアイテムですね。

04
Key item
Skinny Jeans
シルエットがキレイな
スキニージーンズ

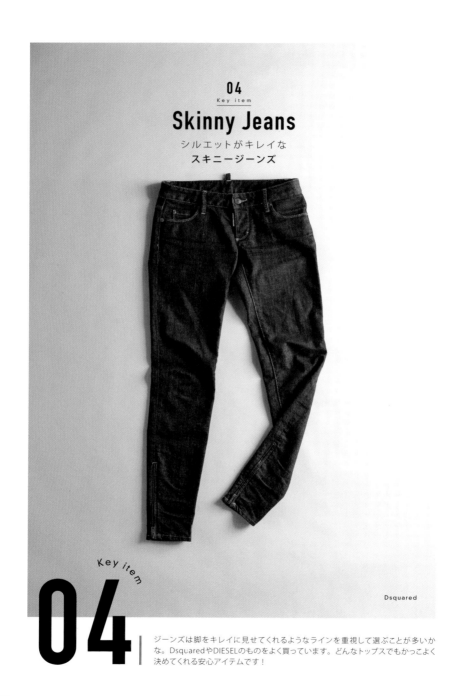

Dsquared

Key item
04

ジーンズは脚をキレイに見せてくれるようなラインを重視して選ぶことが多いかな。DsquaredやDIESELのものをよく買っています。どんなトップスでもかっこよく決めてくれる安心アイテムです！

05
Key item
White Shirt

白さが際立つ
スタンダードホワイトシャツ

Ralph Lauren

Key item
05

毎年買い換えているアイテムがホワイトシャツ。1年着ていると、どうしても襟まわりが汚れたり消耗してしまって、キレイなホワイトに見えなくなりますよね。スタンダードなホワイトシャツはインナーとしても有能です。

Key items

013

06
Key item
Cut-and-sewn
丸首がポイント
ホワイトカットソー

Theory

Key item

06

まさにベーシックアイテムの白いカットソー。丸首は重ね着したときに邪魔にならないし、巻き物をするときにも便利。1枚で着たりインナーとして着たりと、春夏秋冬、季節を選ばず重宝する万能アイテムなんですよ。

07
Key item
Belt
2色あると便利な
ごつめベルト

Key items

Key item
07

Ralph Lauren

こちらも得意の色違い買い（笑）。ブラックはバックルがシルバーなので、クールに決めたいときに。ブラウンはバックルがゴールドなので、柔らかい印象に仕上がります。ベルトひとつで印象は変わってきますね。

015

―キーアイテムを使った着回しコーデ―
Mix-and-match with 7 Items

7つのキーアイテムを使った着回し例を紹介します。
フェミニンからクール系まで、幅広いバリエーションを演出できます。

Key item　Key item
01+05

bag_CHANEL
shoes_3.1 Phillip Lim

Key item　Key item　Key item
03+05+02

bag_CHANEL
short boots_DIESEL

セットアップをスニーカーでカジュアルダウンしたスタイル。キーアイテムの白シャツをチラ見せしてアクセントに。

ジャケットとフレアスカートできっちり感を演出。バッグのチェーンとショートブーツのハード感ではずしてみました。

Key item

01

tops_LE CIEL BLEU
long cardigan_LE CIEL BLEU
pumps_LE CIEL BLEU

白と黒のツートーンコーデ。
全身で使う色は2色か3色ま
でに抑えたほうがまとまり
感が出ると思います。

Mix-and-match

Key item

01

skirt_ADORE
boots_CHANEL

秋冬にぴったりのゆったりタートルネック。ミモレ丈のプリーツスカート&ブーツを合わせて女性らしさを演出してみました！

018

Key item　Key item
06+02

blouson_3.1 Phillip Lim
bag_VALENTINO
boots_CHANEL

Key item　Key item　Key item　Key item
03+06+04+07

stole_CHANEL
bag_BALENCIAGA
pumps_Pippi Chic

Mix-and-match

ブルゾンを同系色の白スカートと合わせて一体感を。バッグと靴を同じ色にするとコーディネートが引き締まりますよ。

ジャケットを羽織るだけで、カジュアルスタイルがキレイに見えるから不思議。場所や会う人を問わず着られるので便利です。

019

06+01

knit vest_ADORE
mink stole_LE CIEL BLEU
bag_VALENTINO
short boots_BALENCIAGA

01+02

bag_VALENTINO
shoes_3.1 Phillip Lim

セットアップの白ガウチョパンツを使ったスタイル。セットアップを別々に着るだけで、コーデの幅が広がりますよ。

タートルネックにフレアスカートというスタンダードスタイルだけど、あえてスニーカーではずしてみました。ワンポイントにシャネルのブローチを。

Key item

04

shirt_10 CROSBY DEREK LAM
jacket_Jewel Changes
bag_VALENTINO
pumps_Pippi Chic

パンツスタイルにレザージャ
ケットでかっこよく。メイク
もコーディネートに合わせた
赤いリップでクールに！

Mix-and-match

021

Key item
04

knit_FRAY I.D
hat_RING-O
bag_FENDI
boots_CHANEL

ブーツインしたパンツスタイル。フェミニンなモヘアセーターとスキニージーンズの相性はバッチリ！

Key item
01
bag_FENDI
short boots_DIESEL

Key item　Key item　Key item
03+06+01
bag_SOPHIE HULME
pumps_Pippi Chic

Mix-and-match

色違いのセットアップを上下入れ替え
たあべこべスタイル（笑）。入れ替え
るだけで違った印象になりますね。

パンプスとロングネックレスで大人っぽさをプ
ラスしたガウチョスタイル。ジャケット以外を
白系統でまとめてジャケットの黒で締めます。

Key item
05+07+04

cardigan_Ralph Lauren
bag_FENDI
pumps_Pippi Chic

Key item
01+02

stole_manipuri
bag_BALENCIAGA
shoes_Stella McCartney

白シャツ×ジーンズのスタンダードスタイルだけど、差し色としてカーディガンを羽織ることでちょっぴり上級者に。

ワントーンコーデは簡単にオシャレに見えるスタイル。バッグと靴を黒で締めることによってメリハリもつきます。

Key item
05
+
Key item
01

stole_ADORE
belt_Ralph Lauren
boots_CHANEL

ストールを使った大人アンニュイスタイル。ベルトとロングブーツでポイントを作ることが重要かな。

Mix-and-match

025

Cool Style From Masako's Blog

tops_Theory
jacket_Ralph Lauren
knit_Ralph Lauren
jeans_Ralph Lauren
bag_VALENTINO
pumps_LE CIEL BLEU

Cool Style
01

こういったスタイルはラルフ
ローレンのアイテムが一番好
きかもしれません。

02

tops_FRAY I.D
pants_LE CIEL BLEU
bag_Tory Burch
shoes_Stella McCartney

スラックスにローファーという、
"おじさま"スタイル(笑)。

03

shirt_Ralph Lauren
blouson_Ralph Lauren
knit cap_DOUBLE STANDARD

チェックシャツ以外は全身黒で
まとめた、ちょっぴりハードな
スタイル。

04

one piece dress_LE CIEL BLEU
cardigan_Ralph Lauren
shoes_DOUBLE STANDARD
bag_PRADA

ワンピース&スニーカーのカ
ジュアルスタイル。襟元とバン
グルのスタッズでちょいロック
風に。

05

tops_LE CIEL BLEU
jacket_Jewel Changes
jeans_BARNYARDSTORM
fox fur_LE CIEL BLEU
bag_VALENTINO
pumps_D&G

ファーが主役なので、ほかは
すっきりしたシルエットのもの
をチョイス。

salopette pants_FRAY I.D
sandals_DOUBLE STANDARD

1枚で楽ちんのサロペットス
タイル。黒だと子供っぽく
ならずに着こなせますよ。

Cool Style
06

026

07

tops_LE CIEL BLEU
gaucho pants_LE CIEL BLEU
bag_SOPHIE HULME
sandals_BALENCIAGA

鮮やかなブルーが夏にぴったりのガウチョパンツコーデ。ほかは黒でまとめてすっきりと。

08

tops_Ralph Lauren
gaucho pants_LE CIEL BLEU
bag_VALENTINO
pumps_LE CIEL BLEU

ガウチョパンツは本当に楽。秋口にも使える色や生地のガウチョをメインにした、夏の終わりのコーディネート。

Cool Style 09

tops_BARNYARDSTORM
jeans_BARNYARDSTORM
bag_PRADA
pumps_ZARA

後ろのヒラヒラシルエットがお気に入り。ボーダーとサングラスで夏のマリンスタイルに。

Cool Style

10

T-shirt_Theory
shirt_BARNYARDSTORM
jacket_Ralph Lauren
belt_Ralph Lauren
bag_FENDI
pumps_DOUBLE STANDARD

ラフなジーンズスタイルにジャケットをプラスすることで、ちょっぴりクールに。

knit_PEGGY LANA
jacket_Jewel Changes
pants_PEGGY LANA
bag_BALENCIAGA
short boots_BALENCIAGA

Cool Style 11

レザーでクールさを演出した大人のモノトーンコーデ。ロングネックレスとパンツの白で女性らしさを少し加えて。

12

T-shirt_3.1 Phillip Lim
jacket_Jewel Chonges
skirt_DOUBLE STANDARD
bag_3.1 Phillip Lim
shoes_3.1 Phillip Lim

ロングTシャツにスニーカーというカジュアルスタイルをレザージャケットで締めたクールスタイル。

Feminine Style   From Masako's Blog

01

02

tops_LE CIEL BLEU
jacket_LE CIEL BLEU
skirt_DOUBLE STANDARD
bag_VALENTINO
pumps_DOUBLE STANDARD

ジャケットとミモレ丈スカートで大人っぽく落ち着いた印象になったかしら？

Feminine Style

03

tops_ADORE
skirt_LE CIEL BLEU
bag_Tory Burch
sandals_ELVIO ZANON

黒でまとめた大人スタイル。スカートの柔らか素材で女性らしさを演出しました。

tops_BARNYARDSTORM
gaucho pants_LE CIEL BLEU
bag_Sandra
pumps_LE CIEL BLEU

ネイビーボーダーのマリンスタイル。バッグのリボンやパンプス、ピアスで女性らしさをプラス。

鮮やかな色は穿くだけで元気な気分になりますね。主役のスカートを際立たせるため、あとは落ち着いた色味に。

Feminine Style

04

05

06

tops_LE CIEL BLEU
skirt_LE CIEL BLEU
bag_Sandra
sandals_FRAY I.D

one piece dress_LE CIEL BLEU
bag_CHANEL
pumps_DOUBLE STANDARD

プリーツの持つ雰囲気に合わせて、白ソックスにパンプスをチョイスしてみました。

blouse_See by Chloé
coat_DOUBLE STANDARD
skirt_GRANDE BENE
bag_CHANEL

ブラウスのリボンがフェミニンな秋のスタイル。

07

knit_LE CIEL BLEU
skirt_LE CIEL BLEU
bag_VALENTINO
boots_CHANEL

ロングニットにスカートを合わせたゆるふわスタイル。クラッチバッグとブーツのスタッズでアクセントを。

Feminine Style
08

one piece dress_LE CIEL BLEU
cardigan_kate spade
bag_BALENCIAGA
pumps_PRADA

ベアトップワンピにカーディガンを合わせたスタイル。鮮やかな色の羽織物は差し色として使えるので重宝しますね。

09

one piece dress_FRAY I.D
denim jacket_BARNYARDSTORM
bag_3.1 Phillip Lim
sandals_FRAY I.D

真っ白のフェミニンなワンピースをGジャンでカジュアルダウンしたお出かけスタイルです。

10

shirt_GAP
skirt_ENFÖLD
bag_ADORE
sandals_FRAY I.D

ブラウスにスカートという王道フェミニンスタイル。トップスをインしてスカートとのバランスをとることが大事かな。

11

T-shirt_See by Chloé
denim jacket_BARNYARDSTORM
skirt_LE CIEL BLEU
bag_PRADA
pumps_ZARA

TシャツxGジャンのラフスタイルだけど、スカートとパンプスで女性らしさを加えてみましたよ。

Feminine Style
12

tops_LE CIEL BLEU
skirt_LE CIEL BLEU
bag_Sandra
sandals_LOUIS VUITTON

シンプルなスカートスタイル。リボンとサンダルの黒で全体を引き締めてみました。

029

Casual Style From Masako's Blog

01

knit_LE CIEL BLEU
coat_Ralph Lauren
knit skirt_Ralph Lauren
bag_Ralph Lauren
short boots_CHANEL

チェックのニットスカートはセールでゲット。ふわふわのモヘアスカートなので暖かい〜♪

02

tops_LE CIEL BLEU
salopette pants_LE CIEL BLEU
bag_MARC BY MARC JACOBS
shoes_PRADA

布バッグとサロペットで楽ちんカジュアルスタイルに。バッグが黒なので、全身白っぽくしてメリハリを。

03

T-shirt_LE CIEL BLEU
skirt_LE CIEL BLEU
bag_MARC BY MARC JACOBS
shoes_PRADA

白Tシャツ&黄色スカートで元気に！ 真夏の開放的スタイル。

04

tops_ DOUBLE STANDARD
skirt_ DOUBLE STANDARD
bag_BALENCIAGA
shoes_DOUBLE STANDARD

バッグに合わせて、足元はスニーカーにしてみました。靴下のボルドー色もポイントです。

Casual Style 05

tops_ADORE
jeans_DIESEL
bag_PRADA
shoes_DOUBLE STANDARD

ジーンズ×スニーカーの定番カジュアルスタイル。裾はロールアップして全体にヌケ感を。

06

tops_DOUBLE STANDARD
coat_DF
jeans_Dsquared
stole_Theory
bag_GOYARD
short boots_Theory

冬のジーンズラフコーデ。ストールのボリュームとバランスをとって、ヘアはまとめてすっきりと。

真冬のあったかモノトーンコーデ。ニット帽でカジュアルさを演出。

Casual Style
07

tops_LE CIEL BLEU
coat_Ralph Lauren
pants_Ralph Lauren
knit cap_DOUBLE STANDARD
bag_Tory Burch

08

T-shirt_REBECCAMINKOFF
blouson_REBECCAMINKOFF
jeans_Dsquared
belt_Ralph Lauren
bag_GOYARD
pumps_DOUBLE STANDARD

たまにはTシャツ×ジーンズのアクティブコーディネートも！足元はパンプスでバランスを。

09

tops_CUISSE DE GRENOUILLE
skirt_LE CIEL BLEU
knit cap_DOUBLE STANDARD
bag_3.1 Phillip Lim
shoes_3.1 Phillip Lim

色をモノトーンで揃えると、スウェットのカジュアルコーデも子供っぽくならずに仕上がります。

10

shirt_Ralph Lauren
cardigan_Ralph Lauren
skirt_Ralph Lauren
bag_Tory Burch
pumps_LOUIS VUITTON

ネクタイを合わせてスクールガール風に。カーディガンの派手オレンジがポイントです！

11

tops_SUD et NORD
salopette pants_SUD et NORD
pants_PEGGY LANA
bag_VALENTINO
sandals_LOUIS VUITTON

真夏のサロペットコーデ。主役のサロペットが際立つように、ほかは黒でまとめてみましたよ。

Casual Style
12

tops_STUNNING LURE
salopette pants_STUNNING LURE
shoes_PRADA

かさばらないサロペットは旅行先でも活躍してくれますよね。水谷式リゾートコーデです。

031

Mannish Style From Masako's Blog

tops_LE CIEL BLEU
pants_LE CIEL BLEU
bag_PRADA
shoes_STELL McCARTNEY

Mannish Style
02

knit_SUD et NORD
pants_Stella McCartney
hat_SUD et NORD
bag_VALENTINO
shoes_ Stella McCartney

ジョグパンツで気負わないゆる〜リコーデ。厚底シューズと合わせてトレンド感を出してみましたよ。

バギーパンツにローファーのマニッシュコーデ。トップスはシンプルに、柄はさりげなく。

knit_ADORE
jacket_LE CIEL BLEU
gaucho pants_SUD et NORD
bag_VALENTINO
pumps_LE CIEL BLEU

チルデンニットも、ジャケットとパンプスを合わせることできちんと感を演出。

Mannish Style
06

tops_sass&bide
pants_LE CIEL BLEU
bag_3.1 Phillip Lim
shoes_ Stella McCartney

キレイめにもカジュアルにも使えるホワイトパンツは、1着持ってると便利なアイテム。

tops_LE CIEL BLEU
skirt_LE CIEL BLEU
bag_Sandra
shoes_PRADA

全身黒のワントーンコーデ。足元と手首のバングルでマニッシュ感を出しました。

knit_FRAY I.D
gaucho pants_FRAY I.D
stole_manipuri
bag_Sandra
shoes_Stella McCartney

全身ゆるっとまとめて、トレンド感を。黒の足元で引き締めました。

032

07

one piece dress_ADORE
knit_ADORE
bag_VALENTINO
boots_CHANEL

ワンピースにオーバーニットを重ねてみました。スタッズで辛めのアクセントを添えて。

08

pants_BARNYARDSTORM
pumps_See by Chloé

ジョグパンツにパンプスを合わせたカジュアルすぎないコーデ。バッグの青を差し色に。

Mannish Style
09

knit one piece dress_ADORE
skirt_ADORE
shoes_Stella McCartney

ニットワンピースからスカートの柄をチラ見せして、アクセントに。

10

one piece dress_FRAY I.D
jacket_DIESEL
bag_Sandra
shoes_PRADA

リボンとホワイトのフェミニンコーデにライダースとレースアップシューズでマニッシュ度アップ。

Mannish Style
11

tops_Ralph Lauren
gaucho pants_LE CIEL BLEU
bag_BALENCIAGA
pumps_LE CIEL BLEU

レースのブラウスを黒のガウチョパンツに合わせてモードっぽく。インして脚長効果も☆

12

tops_FRAY I.D
pants_LE CIEL BLEU
bag_BALENCIAGA
shoes_PRADA

袖のフリルが印象的なトップスを主役にしたコーデ。ほかのアイテムをマニッシュにすることで際立たせました。

TPO Fashion

― TPO別ファッション ―

こんなとき、どんな服を着たらいいの？
迷ってしまうときありますよね。
そんなTPOに合わせた水谷流コーディネートを紹介します。

Shopping

ショッピング

　試着することを考えて、なるべく脱ぎやすいものを着て出かけるようにしています。タートルネックでアップヘアにしていたら、着替えるときボサボサになってしまうので、こういった前開きボタンのワンピースがベスト。
　私は買ったらすぐ着て帰りたいタイプなんです。家に帰って買ったものを見たときに「あれ？こんなものだったかな？」って冷めたくないっていうのもあって。買ったときのテンションそのままで帰りたいんです。だから行きと帰りでは違う格好をしていることも多いかな(笑)。

one-piece dress_See by Chloé
shoes_Stella McCartney

| TPO Fashion |

School Visit

学校行事

なるべくきちんと感を出したいのでジャケットは必ず羽織ります。中に白シャツを合わせると、よりトラッドに見えるかな。シャツじゃなくてもボウタイのブラウスとか、中が白のほうが黒よりもきっちり見える気がします。ボトムはスカートよりもパンツ。学校で靴を脱ぐときに足元を見られるのが恥ずかしいので、パンツのほうが隠せるかなって（笑）。

shirt_Ralph Lauren
jacket_Ralph Lauren
pants_Theory
bag_FENDI

tops_ See by Chloé
pants_ LE CIEL BLEU
bag_ HERMÈS
shoes_ Stella McCartney

ママ友とモーニング

名古屋のカフェはランチよりモーニングが主流。あまり決めすぎず、ラフなんだけどオシャレ感がある装いを心掛けています。近所だから張り切りすぎるのも違うし、かといって友達と会うときはトレンド要素も入れておきたい。だから『そういう感じ、いま流行りだよね』とか『どこで買ったの?』って言われると嬉しくなりますね。

| TPO Fashion |

Cafe in the Morning

037

犬の散歩

汚れても洗いやすい素材、動きやすい服装が一番。色の濃いジーンズにスニーカーを合わせました。ただ、いくら動きやすい格好といっても、近所の人の目も気になりますよね。どの服装もファッション的にシルエットのバランスに気をつけました。スキニーパンツはお腹やお尻が気になるのでロングのパーカーで隠すと上下のボリュームのバランスもとれて一石二鳥。

tops_LE CIEL BLEU
hooded jacket_Letetvement
pants_DIESEL
shoes_DOUBLE STANDARD

| TPO Fashion |

Dog-walking

038

| TPO Fashion |

Special Dinner

特別ディナー

　そのシーズンのトレンド物を特別な日に着たいっていう思いもあって、サロペットをチョイス。ただし、ビジュー付きのシャツで華やかさときちんと感も演出しました。あまり頑張った格好をして周りから浮いてしまうのは避けたいので、色味は黒と白のモノトーンでパッと見シンプルな服装を心掛けているかな。

shirt_23区×RITA
salopette pants_ADORE
shoes_ Stella McCartney

039

Husband's Parents

主人の実家

　主人の実家に行くときは、ご両親の目を意識して女性らしい格好をするようにしています。あまり暗すぎても印象はよくないと思うので、白や花柄の膝丈スカートでお上品に。こういうときはトレンドは意識せず、定番アイテムをチョイスしますね。親戚の集まりにサロペットやショートパンツを穿いていったら、ビックリされてしまいますからね（笑）。

tops_LE CIEL BLEU
skirt_DOUBLE STANDARD
pumps_DOUBLE STANDARD

運転

　運転中のスタイルのポイントは主に紫外線対策です。目からも紫外線は入ってきてしまうので、なるべくサングラスをするようにしていますね。もちろん手袋も忘れずに。ツーシーターの車高の低い車に変えてからは、車の中で靴を履き替えるようにしています。パンプスだと運転するのに危ないので、安全性を考えてバレエシューズにしています。

shirt_Ralph Lauren
sunglasses_CHANEL
gloves_PINKY & DIANNE

| TPO Fashion |
Driving

Fashion Spot in Mizutani's House

― 水谷家のファッションスポット ―

水谷家の中のファッションスポットをご紹介。
洋服や靴、バッグの収納法を教えてもらいました！

家族の下駄箱の中の一部分を自分用に使っています。頻繁に履くものは自分の目線の高さに置くようにして、取り出しやすいように。靴って、3年履かなかったものはもう履かないと思うので、処分したり、同じ足のサイズの方に譲ったりしています。もったいないって思うんですけど、置いておいても結局履かないんですよね。飾っておいても意味ないし、ものが増えるとどうしても狭くなってしまうので、どんどん変えていきます。

Mizutani's House

Shoes Box

Fashion Spot

こちらは最近よく履いているお気に入りの靴たちです。やっぱりどうしてもモノトーンのものが多くなってしまいますね。

043

Mizutani's House

Closet

item 01
Clothes

すべての洋服を掛けて収納するようにしています。衣替えで箱にしまっちゃうと気持ち的に冷めてしまうので、オフシーズンの服でも掛けて目につくようにしています。そのほうが「来年も春になったらこれを着よう」というモチベーションにつながるんです。衣替えは、手前にシーズンのものを持ってきて移動させたりするくらいです。

item 02
Shoes

ここには下駄箱に入らないブーツや靴を収納しています。靴を買ったときにもらう箱はかさばるので、お気に入りの箱以外は処分して、こういった収納ボックスにしまったりしています。

item 03

Fashion Goods

帽子やスカーフもよく目につくところに置いています。見えるところに置いたほうがコーディネートのヒントにもなるし、たまにですけど、似たようなものを2つ買ってしまうことがあるので（笑）。

item 04

Bag

バッグもクローゼットの中に並べて、すべて見えるようにしています。そのほうが出かけるときにぱっと合わせやすいかなって。自然とよく持つものは手前に置いてますね。夏はかごバッグだったり、冬は暖かい素材のものだったり、季節によって手前に置くバッグたちも変わったりもします。

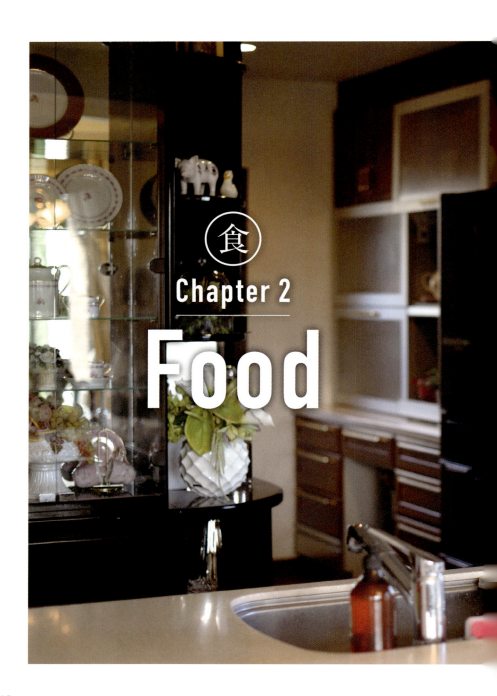

㊝

Chapter 2
Food

Masako's Cooking

―水谷家の食卓―

夕食はめったに外食しないという水谷家。
朝食、昼食、夕食からスイーツまで、
水谷家の食卓に並ぶお料理をご紹介。

Masako's Cooking

Breakfast

01 フルーツヨーグルト

フルーツはいつもヨーグルトと一緒に食べています。フルーツだけだと糖質が高く、シワやたるみの原因となる糖化反応が起きやすいので、ヨーグルトと一緒に食べて果糖の吸収をゆっくりに。ヨーグルトの乳酸菌による整腸作用で朝からすっきり！

02 ピザトースト

1・食パンにケチャップを塗り、つぶしてマヨネーズで和えた茹で卵、スライスオニオン、ウインナー、ピーマン、とろけるチーズの順にのせる。
2・オーブントースターに入れ、チーズがとろけて、いい感じに焼けたら完成。

03 卵焼きサンド

1・卵3個分、マヨネーズ少々、塩コショウ少々をよくかき混ぜる。
2・温めたフライパンにバターを溶かし、①をフライパンに流し、素早く箸で混ぜながら焼いていく。
3・卵を2つ折りにしたら弱火にして、ほんの少し焼いたらパンにお好みの具とともにはさんで出来上がり。

04 アボカドツナコーントースト

1・アボカド1個にツナ缶・コーン缶各1缶を混ぜ、レモンを搾る。
2・マヨネーズを加減して入れ、混ぜ合わせる。お好みで粒入りマスタード少々を入れてもOK。
3・フランスパンにちょっと穴をあけて②を入れる。
4・とろけるチーズをのせ、オーブントースターでこんがり焼き色がついたら出来上がり。

05 パンケーキ

ホットケーキミックスの生地を焼いたパンケーキには、ハチミツを塗って。生ハムサラダとグリーンスムージーと一緒にいただきます。

06 モンサンミッシェル風オムレツ

1・なす、ズッキーニ、パプリカ、ピーマンを食べやすい大きさに切る。
2・フライパンにオリーブオイルを入れ、みじん切りにしたにんにくをさっと炒める。
3・フライパンに①を入れ、さっと炒める。
4・③を鍋に移し替え、トマトとトマト水煮缶を入れ、15~20分ほど煮込み、塩コショウで味を調えたら、付け合わせのラタトゥイユの完成。
5・フライパンにバターを溶かし、ハンドミキサーで泡立てた卵3個を入れ、弱火で焼く。
6・フツフツしてきたら2つに折り、フライパンのまわりで少し焼き固める。
7・お皿にオムレツとラタトゥイユを添えて完成。

Masako's Cooking

Lunch

01 明太子マカロニポテトグラタン

1. マカロニ(20g)と1cm角の大きさに切ったじゃがいも(2個)を茹でる。
2. フライパンにバターを入れ、スライスした玉ねぎ(1個)を透明になるまで炒めたら、ベーコンを入れ炒める。
3. 小麦粉(25g)を入れて焦げないようにさっと炒め、弱火にして牛乳(400mL)を入れ、だまにならないよう手早く混ぜたら、コンソメと塩コショウで味付けする。
4. ①を入れ、ざっと混ぜる。
5. グラタン皿に④を入れ、明太子を加減して加え混ぜる。
6. とろけるチーズと茹でたブロッコリーを乗せ、粉チーズを適量かける。
7. 250℃のオーブンで10分ほど焼き、こんがり色がついたら出来上がり。

02 マグロとアボカドのハワイアンポキ丼

1. 醤油大さじ2、みりん大さじ2、砂糖少々、ごま油少々、レモン汁少々を合わせたたれにマグロの刺身を漬ける。
2. 器にご飯を盛って①を乗せ、アボカドとサラダはお好みで。大葉を千切りして乗せ、レンジでチンしたアスパラをトッピング。
3. 白ごまを散らし、刻みのりを添えたら出来上がり。

03 ナシゴレン

1. フライパンに少量の油を入れみじん切りのにんにく、しょうがを炒める。
2. 香りが出たら鶏ひき肉、ベーコン、玉ねぎ、にんじん、パプリカ、ピーマンの順に炒めて、ケチャップ大さじ2、オイスターソース大さじ2、スイートチリソース大さじ2、ナンプラー大さじ1の調味料をすべて混ぜて入れる。
3. ご飯を入れて塩コショウで味を調え、器に盛る。目玉焼きなどを添えたら出来上がり。

04 ベーコンとアボカドのパスタ

1. アボカドを2つ用意し、そのうちの1個は食べやすい大きさにカットし、レモン汁、塩コショウで軽く和えておく。
2. みじん切りにしたにんにくをオリーブオイルで炒め、香りが出てきたら、ベーコンを入れて炒める。
3. 下茹でしたアスパラ、もう1個のアボカドを入れ、白ワインを20mL入れ軽く炒めたら、パスタのゆで汁を加減しながら入れて、濃度を調整する。
4. 皿に盛りつけ、①を乗せて、レモンの皮のすりおろしをふりかけたら完成。

05 あんかけスパ

1. 玉ねぎ、にんじん、ピーマン、ミニトマト、しめじを食べやすい大きさにカットし、ウインナー、ベーコンと一緒に茹でる。このとき、固形コンソメ1個も入れる。
2. 3〜4分茹でたら、具をざるでこして、スープをとっておく。
3. ②の具をオリーブオイルで炒め、塩コショウで味を調える。ここに茹でたパスタを入れ、麺に具を絡ませる。
4. ここで先ほどとっておいたスープを加減しながら入れる。
5. 市販のトマト&ガーリックソースと、お好みでケチャップを少々入れる。
6. 水とき片栗粉を入れて混ぜ、とろみが出たら完成。

06 冷麺

食欲が減退する夏は、冷麺でさっぱりと。定番のキムチの代わりに、たことキュウリを酢に漬けて作った酢だこをトッピング。さっぱり増し!!

07 餃子ピザ

1. キムチとツナ缶を混ぜ、餃子の皮に乗せる。
2. とろけるチーズを乗せて、オーブントースターで焼いたら出来上がり。

08 キムチ炊き込みご飯

1. フライパンにごま油を入れ豚ひき肉を炒めたら、キムチを入れて軽く炒める。
2. ①と醤油少々、酒少々、ハチミツ少々を研いだ米と水の入った炊飯器に入れ、混ぜ合わせたらスイッチオン。

09 冷やし中華

夏になると食べたくなる冷やし中華。手作りの塩レモンを添えると、さっぱり爽やか。どんな料理にも合います。飲み物はバリでハマったスイカジュース。こちらも夏にぴったり!

Masako's Cooking

Dinner

01 新じゃがと豚の角煮

1. 小ぶりの新じゃがいもを串がすっと通るまで揚げる。
2. 豚バラかたまり肉を厚く切って、フライパンで表面をこんがり焼いたら、いったんトレーに移し、余分な油を落とす。
3. オレンジマーマレード1瓶と、その瓶で量った水1瓶、酒1瓶、醤油1/2瓶、しょうが細切り少々と②を鍋に入れ弱火でコトコト焦げないように煮る。
4. 仕上げにハチミツを入れて出来上がり。

03 チキンソテーのソース

おろし玉ねぎ大さじ3、おろしにんにく1片分、ハチミツ小さじ1、ウスターソース大さじ1、ケチャップ大さじ1、水1/3カップを混ぜ、ソテーしたチキンにかけて完成。

02 サバ缶トマトカレー

1. 耐熱容器にサバ水煮缶を1缶、カットしたトマト2個、にんにく3片、カレー粉大さじ2〜3、ウスターソース大さじ3、ケチャップ大さじ3を入れる。
2. 600Wのレンジで6分ほどチンして、全体を混ぜてとろみがつけば出来上がり。

04 なすのキーマカレー

1. なす(3本)は薄い半月切りにし、塩でもんで水気を絞っておく。
2. オリーブオイルでみじん切りにした玉ねぎ(1個)をしんなりするまで炒める。
3. 合いびき肉を加えて塩コショウ少々をふり、色が変わったらカレールー(4個)を入れる。
4. ルーが全体に馴染んだらウスターソース(大さじ3〜4)を加え、なすを入れて軽く炒めたら完成。

05 カレー中華丼

1. エビとイカは生臭いので最初に酒と塩でもみ洗いし、水でしっかりと洗い流す。
2. キッチンペーパーで水気を拭き取りボウルに入れ、豚肉、塩コショウ、しょうが汁少々を入れ、片栗粉をまぶし、うま味を閉じ込める！
3. 鍋で②を軽く炒め、その後、白菜、にんじん、ピーマン、たけのこを加えて炒め、酒、塩コショウ、オイスターソース、砂糖、水、チキンコンソメ2個で味を調える。
4. 加減しながらカレールーをお好みの濃さで入れて煮詰め、水溶き片栗粉でとろみを出したら完成。

06 トマト牛丼

1. フライパンにしょうがすりおろし1片分、酒、みりん、砂糖を入れ、煮詰める。
2. 汁気が少なくなったら、醤油、ケチャップを入れて混ぜ合わせ、牛肉を入れて炒め、玉ねぎ、ピーマン、ミニトマト、だし汁を入れ煮込む。
3. ご飯を器に盛り、②をかけて完成。

07 鶏の梅照り焼き

梅干し(3個)の種をとって包丁で細かくたたき練り状にして、醤油、みりん、酒、ハチミツと混ぜる。このタレを、こんがり焼いた鶏肉に絡めて出来上がり。

08 野菜肉巻揚げ

豚薄切りロース肉を2枚重ね、にんじん、ピーマン、ちくわの3種類を巻き、衣をつけて揚げる。お好みでスライスチーズを巻いてもGood。

09 煮込みロールキャベツ

1. ハンバーグを作る材料で具を作り、キャベツで包む。
2. 鍋に水をロールキャベツがひたひたになるくらいに入れ、固形コンソメ2個、トマト缶1缶、ケチャップ大さじ2、濃口ソース大さじ2、みりん大さじ2、塩コショウ少々、ローリエ1〜2枚と一緒にコトコト30分煮込んだら完成。

Masako's Cooking

Sweets

01 フルーツサンド

子供たちも大好きなフルーツサンド。たまに食べると美味しいですね。朝食にすることもあります。

02 鬼まんじゅう

1. さつまいも2本は1cm角に切り、10分ほど水にさらす。
2. 水をよく切り、砂糖を入れて混ぜ、30分ほど置く。
3. 市販の鬼まんじゅうミックス1袋を入れて混ぜる。
4. 粉っぽさがなくなるまで水(大さじ3〜4)を少しずつ加えて混ぜる。
5. スプーンを使って丸い形にして、蒸し器に入れ、20分ほど蒸したら出来上がり。東海地方の名物です！

03 抹茶パンケーキ

1. 3枚分です。牛乳120mL、卵1個、ヨーグルト大さじ3をボウルに入れ、よく混ぜ合わせる。(ヨーグルトを入れることでふっくらと焼き上がります)
2. ホットケーキミックスを入れて、抹茶大さじ2をだまにならないように、ふるい入れ、ざっくり混ぜ合わせる。
3. フライパンを弱火にして生地を1杯分入れ、ゆっくり3分焼いたら裏返し、蓋をして2分ほど焼く。
4. 皿に盛り、つぶあんと抹茶アイス、生クリーム、黒みつをトッピングして出来上がり。

04 ロールケーキ

1. 全卵3個分、卵白1個分、薄力粉50g、砂糖50gを混ぜ、160℃のオーブンで10分焼いたら生地の完成。
2. 冷めたら生クリーム、お好みのフルーツを乗せて巻き、冷蔵庫でしばらく冷やしたら出来上がり。

05 フルーツパンケーキ

大好きなパンケーキ。シロップをかけて、その上にフルーツもたっぷり乗せれば、ちょっと贅沢な気分に……☆

06 フルーツ小倉サンド

うちの冷蔵庫に常備してあるつぶあんをフルーツサンドにトッピングしたら、名古屋風フルーツ小倉サンドの出来上がり！？

Special Events

01 お正月

大晦日は午後からおせち作り。といってもそんなに種類は多くないのですが、筑前煮と昆布巻きは手作りで。下ごしらえがちょっと大変ですが、毎年のことなのでさすがにもう慣れましたね(笑)。

02 バレンタインデー

バレンタインデーのチョコレートは毎年、娘と一緒に手作りしています。チョコの箱は100円ショップで購入。箱に入れると、ちょっと美味しそうに見えるかしら？

― 水谷家の台所 ―
Mizutani's Kitchen

水谷家のキッチンまわりのものをご紹介！

コンロ
Cooking Stove

ル・クルーゼの鍋は重宝しています。ピンクだけどちょっと藤色っぽい色が気に入って買いました。見た目が可愛いので、料理してても楽しい。もはやインテリアとして、ずっとコンロに置いています。本当は調理器具や調味料など、手にとりやすいところにあったほうが料理もしやすいんでしょうけど、清潔感を出すために見た目をすっきりさせたくて。毎回使うものだけ下の収納から取り出して、終わったらその都度しまうようにしています。

冷蔵庫
Refrigerator

毎朝食べているヨーグルトや豆乳、飲むヨーグルトは、つねに切らさないようにしています。あとは水と果物。りんごを買うことが多いですかね。朝スムージーにしたり、娘の好物ということもあって、よく「りんごむいてよ、お母さん」って言われるので（笑）、常備するようにしています。

　昔は柄物のお皿とかが可愛く思えて揃えたりしたんですけど、やっぱり白が一番無難ということに気づきました(笑)。料理を盛りつけたときも、やはり美味しそうに見えますしね。白皿でいろんな形を買うようにしています。

Cupboard
食器棚

Kitchen

　お皿に対して、ティーカップは柄物が多い気がします。お店に行って「あ、可愛いな」と思ったものをインスピレーションで買ってしまいますね。4人家族なので、4つずつ買うようにしているんですけど、なんだかんだで欠けて4つ揃っていなかったり……(笑)。せめてペアになるように、すべて偶数で揃えています。

057

Masako's Favorite Nagoya Food

水谷さんおすすめの名古屋飯！ 名古屋に訪れた際はお試しあれ！

Nagoya Food
味噌煮込みうどん

山本屋本店　エスカ店
愛知県名古屋市中村区椿町6-9エスカ地下街

主人も私も大好きで、たまにランチでも訪れる山本屋の味噌煮込みうどん。ご飯と一緒に食べたくなる味なので、ついついご飯セットを注文してしまうこともある私……。

Nagoya Food
ひつまぶし

あつた蓬莱軒　松坂屋店
愛知県名古屋市中区栄3-30-8
松坂屋名古屋店南館10F

蓬莱軒のひつまぶしは美味しい〜！ 気軽には行けない値段ですけど、たまに食べたくなります。ご飯が多く感じても、お茶漬けでサラサラ流し込めばすんなりお腹に入ってしまうから不思議。

Nagoya Food
どて焼き どて煮

どて焼き　島正
愛知県名古屋市中区栄2-1-19

真っ黒な色合いでびっくりされることも多い名古屋名物・どて焼き。要は味噌おでんですね。どて煮のほうはもつ煮の上に半熟卵を乗せて贅沢にいただきます!!

Nagoya Food
小倉トースト

美桃旅庵（ビードロアン）
愛知県あま市坂牧北浦25-1

名古屋では一般的な「モーニング」。コーヒーを注文すると、もれなくついてくる軽食が嬉しいんです。お友達とはランチよりモーニングに出かけることが多いです。

059

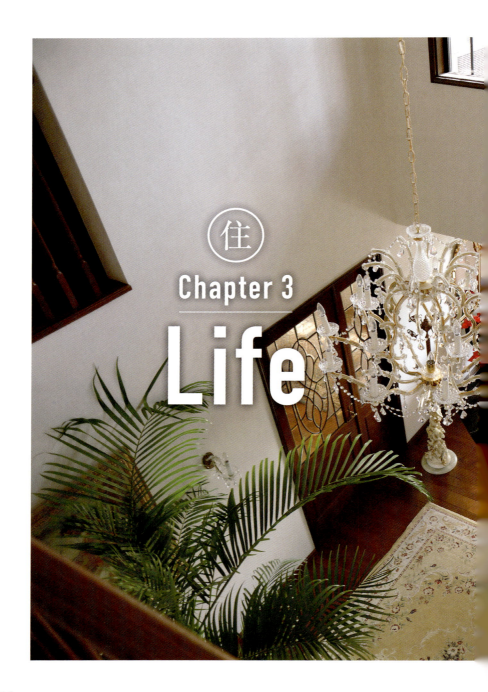

㊑

Chapter 3
Life

Time Schedule

主婦業に、趣味に、毎日大忙し。だけど、どれも全部楽しんでやる。
それがいつまでも元気で若々しくいられる秘訣かも!?

A.M.

6:30　起床
最近は息子が一人暮らしを始めたので、私もこのくらいの時間に起きるようになりました（以前は5:30起床）。まず鏡を見て顔がむくんでないか、肌の調子はいいかチェック。

7:00　犬の散歩
主人を起こして朝ご飯を用意したら、犬の散歩にGO。散歩前には日焼け止めを塗って、帽子をかぶって眼鏡をかけて紫外線対策を。散歩は20～30分くらい。

7:30　お見送り
アイロンかけたてのシャツを着てもらい、主人を最寄駅まで送ります。

8:00　朝風呂
洗濯機のスタートボタンを押したら、昨晩のお湯を追い焚きして、お風呂に浸かります。シートマスクをしてゆっくり15分くらい浸かります。その流れで、お風呂掃除もここで済ませます。

9:00　洗濯物干し
入浴後のポカポカ暖かいままの状態で、シートマスクはそのままに、洗濯物を干します。

9:30　掃除
掃除機は毎日かけますね。部屋の掃除をしたら、最後にトイレ掃除も。

10:30　メイク
メイクは必ず掃除のあとにするようにします。ママ友とモーニングに行くときは前日の晩に洗濯したりして、時間をきゅっと短縮することも。

P.M.

12:00 昼食
友達とランチに行く予定がなければ、家にあるもので昼食を済ませます。

14:00 夕食の買い出し
買いだめをするタイプではないので、毎日買い物に行きます。外に出ないとどうしてもストレスを感じてしまうんですよね（笑）。食べたいものによって行くスーパーも変えています。

15:00 趣味の時間
ネイルやアクセサリー作りなど、自分の好きなことをする時間。テレビを見たり、パソコンを見たり、友達から電話がかかってくることもあれば、実家の親が来たりもします。

17:00 夕食準備
ほぼ毎日、夕食は家で食べていますね。主人が帰ってくる19：00頃に合わせて、準備開始。

19:00 夕食
主人と娘の3人か、娘が出かけていて夫婦2人のときも。息子が一人暮らしを始めてからは、脂っこい料理をあまり作らなくなったかも!?

21:00 家族団らん
夕食の後片付けをした後は、一緒にテレビを見たりしています。

24:00 就寝
以前はブログの更新に慣れず、深夜2：00くらいに寝ていたんですが、いまは24：00頃に寝ることが多いかな。

Masako's Housework

― 水谷式家事 ―

水谷雅子の1日のうち、半分以上の時間を占めてる家事。
長年の主婦生活で培った水谷式家事のコツを一挙公開。

Housework

Clean Up

掃 除

部屋の中など、面積の大きい部分は、サイクロン式掃除機をがっつりかけてからモップがけ。キッチンや階段など小回りが必要な部分にはスティック型掃除機を使っています。ほこりが気になるので、家族が出かけたあと、すべての部屋の窓を開けて、掃除機は毎日かけるようにしています。

Housework
Laundry

洗　濯

　最近、年齢とともに冷えを感じるので、基礎代謝を上げるために、朝お風呂に入るようにしてるんです。そのお風呂に浸かりながらシートマスクやパックをして、出たらそのまま洗濯物を干すのが日課です。湯冷ましにちょうどいいんですよ。

Housework

Ironing

アイロンがけ

アイロンがけはなるべく朝するようにしています。主人にアイロンしたてのシャツを着てもらいたい思いもあるし、そもそも、ずーっと黙々とアイロンだけかけてるのが好きではなくて……。翌日私がお仕事などで留守にする場合は枚数多めにかけていきますけど、基本的には毎日かけてますね。

067

お風呂やトイレの水まわり。お風呂は朝、入ったあとにそのままの流れで掃除してしまいます。先に洗い場を洗って、出るときに湯船の栓を抜いて、その間に洗濯物を干したら、ちょうどお湯も抜けているので、その後、湯船を洗います。

Housework
Bathroom

浴室・トイレ

トイレ掃除は毎日の家事の一番最後。『トイレの神様』を歌いながら掃除していると、よく娘に笑われてしまいます（笑）。便器は雑巾で水拭きしています。

Housework

Food Shopping

夕食の買い出し

　買いだめしないので、スーパーには毎日買い物に行っています。少しでも外出しないとストレスがたまってしまうので。近所に3軒ほどスーパーがあって、お肉ならここ、お魚ならここ……というように、自分の中で決まっているので、その日に食べたいものによって行くスーパーを変える感じかな。その中のひとつのスーパーにあるのが、この大判焼屋さん。おじさんもおばさんも、私のことをなぜか娘のように可愛がってくれて、買いにいくとついついお話ししちゃいます。

The Interior
in
Mizutani's House

―水谷家のインテリア―

水谷家のインテリアを紹介。ポイントは「2つ置き」!?

リビングテーブルの中央には造花のインテリアを。ひとつだと寂しいと思って、同じものを2つ購入しました。2つ連続で置くことで、オシャレ度がぐっとアップする気がします。

Francfrancで一目ぼれしたワンちゃんの絵。5〜6種類の中から2つ選んで買いました。これもひとつだけ飾るより、連続で並べることによってスタイリッシュになる気がします。

トイレや洗面台まわりのインテリア。私の中でトイレはブルーのイメージがあったので、タイル選びからこだわりました。なので、小物もブルー系で統一しています。いい香りのする石鹸と、フェイクの観葉植物は消臭剤をふりかけてポプリ代わりに。一方、洗面台は白とゴールドで統一しています。

Masako's Hobby

― 趣 味 の 時 間 ―

主婦業の合間は趣味の時間に。
自分だけの時間を作る、自分の好きなことに熱中する――。
これこそがストレスを感じずに若くあり続ける秘訣かも!?

Masako's Hobby

Original Accessories

アクセサリー作り

材料は家にストックしてあるので、定期的に作っています。1階のリビングでひとりで作ることもあれば、お友達と一緒に、教えながら作ることもあります。自分用にも、またお友達へのプレゼント用に作ることもありますね。

Masako's Hobby
Nail Art

ネイル

　ネイルは2階の自分の部屋ですることが多いかな。2週間に1度のペースでネイルチェンジしています。やり続けると爪に負担がかかるので、3日間くらいはオフにすることも。

Masako's Hobby

Gardening

ガーデニング

季節の変わり目にはお花屋さんに必ず行って、お庭に季節の花を植えるようにしています。お花を見ると、やっぱり気分がいいですよね。庭もせっかく芝生にしたので、それに合わせて、お花を植えたくなってしまうんです。

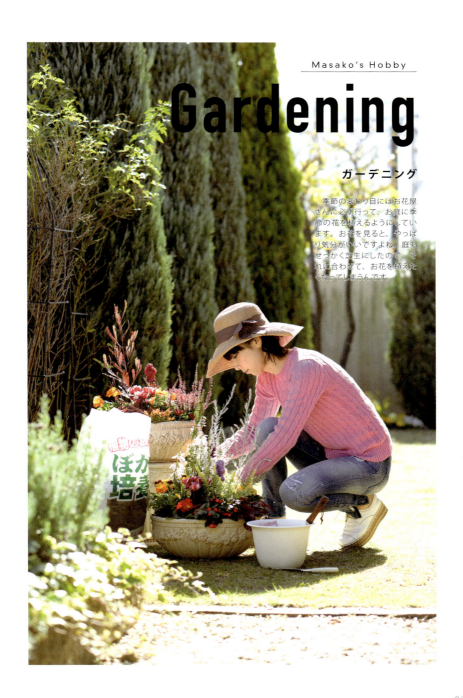

Nail Art Collection

Masako's Hobby

Nail Art 01

ヌーディカラーにラメをちりばめた作品。大人っぽいゴージャス感。

Nail Art 02

シックなカラーに星を乗せて、ちょっぴりポップにアレンジしました。

Nail Art 03

真っ赤なネイルにパールをあしらいました。指輪と合わせて統一感も。

Nail Art 04

ビビッドなビタミンカラーで元気に！薬指はシルバーにして大人っぽさをプラス。

Nail Art 05

何か分かりますか？大好きな、ふなっしーをモチーフに作ったんです（笑）!!

Nail Art 06

ラベンダーカラーで統一した柔らかいイメージの癒しネイル。

Nail Art 07

秋らしいヌーディカラーにゴールドで、シックなシンプルスタイル。

Nail Art 08

ワインレッドにクリスタル。大人っぽく、ゴージャスに。

Nail Art 09

花満開ネイル。ゴールドを散らしたことで、ちょっぴり和の雰囲気も!?

Nail Art 10

クリスタルを流れるように並べた華やかなネイル。

Nail Art 11

アメリカの国旗を意識したカラーのアメリカンポップスタイル。

Nail Art 12

茶系をベースにした、秋らしいスタイリッシュネイル。

Nail Art 13

大人っぽいピンクにクリスタルを合わせました。

Nail Art 14

薬指にクロスをデザインした作品。ジュエリー感あるかしら?

Nail Art 15

白いお花とシルバーラメで、透明感を意識して作ってみました。

Masako's Hobby

Accessories Collection

Accessories
01

パールの三連ネックレスとピアスのセット。

Accessories
04

ゴールドのトライアングルにパールを合わせたピアス。

Accessories
02

パールにクリスタルをあしらったピアス。かっこいい系の服によく合わせます。

Accessories
05

ゴールドとシルバーの色違いピアス。ハードなコーディネートにも合います。

Accessories
03

コットンパールの2連ブレスレット。クリスタルチャームがアクセントです。

Accessories
06

ロングネックレスとピアスのセット。シンプルコーデに映えます。

Accessories **07** リボンとファーのヘアアクセ。冬のフェミニンスタイルにぴったり。

Accessories **08** クリスタルに白いファーをあしらったピアス。奥はコットンパールです。

Accessories **09** このロングネックレスは何にでも合うので重宝しています。

Accessories **10** コットンパールのブレスレットとピアスのセット。

Accessories **11** 黒いポンポンファーを3つつけたヘアクリップ。冬にぴったり。

Accessories **12** クリスタルのイヤーカフ。髪をまとめたときに使うと可愛いですね。

Accessories **13** 黒いリボンのヘアクリップ。ボリュームがあるのでアクセントに。

Accessories **14** コームは髪に挿すだけでポイントになる便利アイテム。

Accessories **15** コットンパールのバレッタ。カジュアルにもフェミニンにも！

㊗ 美

Chapter 4

Beauty

Around-fifty Make-up

― アラフィフメイク術 ―

年齢とともに、メイクも変えている水谷さん。
年をとればとるほど、"隠さない"引き算メイクがキレイに見える秘訣だそうで……?
水谷流「アラフィフメイク術」を大公開!

| Make-up |

Make-up
Pouch

メイクポーチの中身

　持ち歩くポーチは、お化粧直しに使うものを入れています。お友達とランチに行ったときはやはり食後に口元を直したいので、リップやグロスなど。あとは、お肌のコンディションを見てファンデーションかパウダーを使えるように両方持ち歩いています。
　目元も、もしよれていたら嫌なのでアイライナーは持ち歩くようにしています。からさはいつでもどこでもマッサージできるように。
　結構たくさん持ち歩いてますけど、結局全然使わないこともあったり。要は安心感なんですよね〈笑〉。

Base Make-up

STEP 01 | これがすっぴんです。
顔を洗って保湿をしたら、ベースメイクスタート！

STEP 02 | 下地を顔全体に塗っていきます。
内側から外側に伸ばしていくイメージで。

STEP 03 | その上からリキッドファンデーションを重ねていきます。あまり厚く塗りすぎないように注意。

STEP 04 | 下地とファンデーションのみでベースメイクは完成。パウダーを乗せると粉っぽく乾燥して見えるので、このままで。

STEP 05 　最後にチークを足して仕上げていきます。
頬骨の高い位置に丸くクルクルと。

STEP 06 　こんな感じで完成です！
チークを乗せることで、血色もよく見え、シミも
あまり目立たなくなります。

引き算ベースメイク

　以前はシミを隠すためにファンデーションを厚塗りしたり、コンシーラーを塗ったりしていましたが、それだと笑ったときにシワが目立ってしまうし、時間が経つと浮いてきてしまうので、最近は最小限のベースメイクにとどめています。薄メイクをして気づいたのは、シミを気にして厚く塗っているほうが不自然だということ。全体的に薄く均等に塗れば、まわりの人はそこまで気にならないのだと思います。

　また、薄く塗っておいたほうが、午後のお化粧直しのとき、上から重ねても厚ぼったくなりませんよ。

使用した化粧品はこちら！

中央：下地／ザ マイラ パーフェクトエッセンスファンデーション（イエロー）
　　　／¥4,000（税抜）／ザ マイラ

右：ファンデーション／リソウ リペアリキッドファンデーション（SPF28・PA++）
　　（ピンクオークル）／¥5,524（税抜）／リソウコーポレーション

左：チーク／ル・プリズム・ブラッシュ／¥6,200（税抜）／GIVENCHY

Around-fifty Skin & Body Care

―アラフィフケア―

引き算メイクが成り立つ肌は、日頃のスキンケアの賜物。
若さを保つために欠かせないケアを紹介してもらいました！

| Skin & Body Care |

Sheet Mask

シートマスク

　1にも2にも、まず保湿が大事です。私は、朝お風呂に入りながらシートマスク、夜はお風呂上がりにシートマスクをして保湿するようにしています。しかも、夜は最初にビタミンC系のマスクをして、そのあと保湿たっぷりのマスクをするダブルケア。やはり、美肌であることはどんなお化粧にも勝ると思っているので、徹底してケアするようにしています。だから、シートマスクはすぐなくなりますね。しょっちゅうドラッグストアに行っています（笑）。

［お風呂用マスク］

お風呂専用シートマスク。湯船に浸かりながら2枚重ねて使っています。

［ビタミンC系のマスク］

［保湿系のマスク］

| Skin & Body Care |

Honey

ハチミツ

　ハチミツは万能の保湿剤。洗顔するときは洗顔料にハチミツを混ぜて使います。これで洗顔しながら保湿効果もバッチリ。体を洗うときもボディソープに混ぜて使っています。お風呂上がりもしっとりすべすべ。乾燥が気になるときはスキンケアとして活用しています。顔に直接塗るとベタベタしてしまうので、化粧水で薄めて使用します。口に入れても安心の天然素材なので、肌にもいいですよ。

ハチミツはハトムギ化粧水で薄めて使うことも。また、お風呂上がりにボディにたっぷりつけています。その後、ボディクリームで保湿。

Stretch

ストレッチ

　肩が凝ってしまうので、なるべく肩甲骨を回すようにしています。お風呂上がりや寝る前、朝起きたときは必ず。肩甲骨まわりの細胞を刺激すると代謝が上がるので、ダイエット効果も期待できます。あとは関節を伸ばしたり、最近はタイの仙人体操をやってとにかく代謝を上げるようにしています。年齢的に冷え性が気になるようになってきたので、温めることが大事だと思います。

| Skin & Body Care |

Smoothie

スムージー

毎朝飲んでいるスムージー。栄養満点で、美容にも嬉しいお手軽飲み物。お気に入りの3種類のレシピをご紹介します。

グリーンスムージー（4人分）

小松菜（2〜3株）
バナナ（1本）
りんご（1個）
水（少量）
氷（少量）

オレンジスムージー（4人分）

にんじん（1/2本）
りんご（1個）
飲むヨーグルトまたはヨーグルト＋水（少量）
氷（少量）

ホットスムージー（4人分）

にんじん（1/2本）　　水（200mL）
りんご（1個）　　　　ハチミツ（大さじ1〜2）
しょうが（1片）

1. ミキサーにりんご、すりおろしたしょうが、輪切りにしてレンジでチンしたにんじん、水を入れてミキサーにかける。
2. 鍋に移して温め、コップに移したらハチミツをスプーン1〜2杯入れる。

| Skin & Body Care |

Aromatherapy

アロマセラピー

リラックスすることも大事。アロマは毎日、掃除のあとと、夜寝る前に焚いています。掃除のときは必ず換気するので、リビング1部屋で焚いても家中にいい香りが充満します。寝る前に行うと、リラックスしてぐっすり眠れるようになるので、健康にも美容にもいいんです。

Masako's Favorite

水谷雅子さん愛用の
ビューティアイテムを紹介。
何度もリピートして
使ってしまうものばかりを
厳選しました！

Skin Care

化 粧 水
スウェットテクノロジーローション

**汗を化学的に再現した、
新発想の高浸透化粧水**

汗が肌の保湿に深く関わっていることに着目したユニークな化粧水。汗と同じイオン化された水と、贅沢な保湿成分によって、さらっとしたテクスチャーでありながら保湿力も文句なし。天然の超浸透型保湿ローションです。肌にスッと浸透する感覚がやみつきに！

内容量：150mL ／ ¥6,000（税抜） ／クイーンズバスルーム

美 容 液
リペアジェル

**医学誌に掲載された
エイジングケア美容液！**

無農薬栽培米から作り出した独自の生命体成分を配合し、年齢より若く見える素肌を目指します。一滴の水も使用しない100%美容成分の効果と、100%植物由来の優しさを兼ね備えた、理想のオールインワン美容液。年齢肌やエイジングケアが気になる方へおすすめです！

内容量：32mL ／ ¥15,000（税抜） ／リソウコーポレーション

美 容 液
リルジュ リカバリィエッセンス

**グロースファクターを
効率よく補える究極の美容液**

年齢とともに減少していく「細胞活性化成分：グロースファクター」をリポソーム化し、狙った場所に届けてくれる画期的な美容液。それぞれのグロースファクターが、いろんな肌の悩みに対応してくれるから、今後のエイジングケアとしても安心。

内容量：30mL ／ ¥8,000（税抜） ／株式会社AIJ

フェイス用オイルパック
カタレル ザ フェイスオイル

バスタイム美容のための
特別なフェイスオイル

浴空間美容のために設計された特別なスキンケアオイル。世界中の厳選されたオーガニック素材から絞り出した"濃密ゴールド"の最高級オイルを採用。これまでにないフェイスオイルによるスキンケア効果と、バスタイムでの心地よい美容法を体感できます。

内容量：20mL ／ ¥8,000（税抜）／株式会社カドベヤ

クリーム
EBM ES スキンクリーム

年齢肌を引き締める！ サロン発、
プロ仕様の極上美肌クリーム

数々の受賞歴を誇る実力派フェイシャルサロンで、リフトアップや小顔のお手入れに使用されている美肌クリーム。温泉成分や天然鉱石トルマリンなど多種類のミネラル成分を配合。ハリ、引き締め、保湿などの効果を重視したユニークで妥協のないレシピが特徴です。

内容量：100g ／ ¥10,000（税抜）／株式会社イービーエム

美容液
ナグプラス オールインワンエッセンス

オールインワンなのに豊潤力！
乾燥と年齢に負けない素肌へ

新うるおい成分NAG（ナグ）を贅沢に配合したナグプラスオールインワンエッセンス。NAGがヒアルロン酸の44倍速く浸透して、1本なのに深く潤います。お肌に乗せるとサラッと広がり、ベタつき感もなし。肌の水分量が40％アップして、内側からふっくらもっちりしたお肌を実感！

内容量：100g ／ ¥4,500（税抜）／焼津水産化学工業株式会社

美容液
プラセンタ美容液　ステラアリエス

水を一滴も加えていない
純度99.9％プラセンタ美容液

話題のエイジングケア成分"プラセンタ"を99.9％使用した超高濃度プラセンタ美容液。成分を壊さないよう抽出した非分解のプラセンタの原液に、水を一滴も加えず仕上げました。天然のアロマの香りで使用感もGood。1回使いきりの個包装なのも嬉しい！

内容量：30mL（1mL×30包）／通常 ¥3,046（税抜）／株式会社ステラ

Masako's Favorite

Skin Care

フェイスマスク
恵の本舗フェイスマスク

うるおいマスク

フェイスクリアマスク　　　　ひきしめマスク

**"温泉水"配合の美容液を
たっぷり使った贅沢フェイスマスク**

保湿成分がしっかり浸透する"ぷる"肌『うるおいマスク』、ハリと潤いをしっかり保つ"つや"肌『フェイスクリアマスク』、肌にハリと弾力を与える"きゅ"肌『ひきしめマスク』の3種類。日本製100%コットンに温泉水を配合した美容液をたっぷり25mL使用の贅沢マスクです。

内容量：各25mL×5枚入り／各￥1,500（税抜）／株式会社セイビューティー

美容液
オリファ発酵美養液

**弾むようなハリのある
潤い肌・もちもち肌へ！**

ほうれい線が気になる年齢肌に。肌本来の力を呼びさます発酵原料「セラビオ」高配合のエイジングケア導入液。いつまでも曲がり角のこない若々しい肌、内側からハリのある潤い肌・もちもち肌へ導きます。1回1本使いきりタイプの防腐剤フリー化粧品。

内容量：2mL×30本／￥12,000（税抜）／株式会社東洋発酵

美容液マスク
まるコラシリーズ 「まるコラセット」

100%生コラーゲンの美容液マスクが実現！

乾燥やキメの乱れによる目元、口元の年齢サインもピン！ 防腐剤や保存剤等を一切使用せず、100%生コラーゲンを実現。付属の専用美容液で使用直前に溶かすことにより、コラーゲンの持つ力が最大限に引き出され、肌を最適な状態でパックします。デコルテから首まで潤うスペシャルケア。

内容量：1箱／綿球部30個・溶球部30mL／￥12,191（税抜）／長寿の里

ジェルマスク
CO2ジェルマスク

できたての炭酸で肌の活力を上げる！

ジェルと顆粒に分かれた2剤式の炭酸パック。お肌の弾力がなく、ごわつきが気になるときに使用すると、炭酸がパチパチとお肌を刺激し、毛穴をきゅっと引き締め、透明感のあるもっちりとしたハリのあるお肌へ導きます。翌日のメイクのりも抜群に！

内容量：5回分／￥4,600（税抜）／イー・サー・ホワイト株式会社

Make-up

ファンデーション
リペアリキッドファンデーション（SPF28・PA++）

**美容パック効果で
若々しく見える素肌に！**

100％天然由来による優しさと、リペアジェルによる美容パック効果を実現したことで、ファンデは負担になるというこれまでの常識を覆します。また、ミネラル成分が小さな凸凹に密着しシワ・シミ・毛穴を自然にカバーするので、肌が若返ったような印象へと導きます。

内容量：30g ／ ¥5,524（税抜）／リソウコーポレーション

化粧下地
Primo Ordine　マットスキンカバー

**サッとひと塗り、
テカリ知らずのすっぴん美肌**

ひと塗りでテカリ知らずのふんわりサラサラのすっぴん美肌に！ さっとひと塗りで一日中サラサラ、テカリ知らずの肌になれる皮脂吸収クリーム！ 汗・皮脂に強いので、化粧崩れも防ぎます！ 厚塗り化粧を卒業して、ナチュラルメイクを目指す人にもおすすめ♪

内容量：15g ／ ¥3,445（税抜）／株式会社FLAIR

アイライナー
LANAREY　プリズムペンシルアイライナー

ファンデーション
ミネラルシルクファンデーション

**"崩せない人"のための
とろけるようなペンシルライナー**

ジェルライナー級の発色と、するするとなめらかな描き心地で、繊細なラインや濃淡も自由自在。LANAREY独自のオイルセパレートの技術とスーパーウォータープルーフ処方により瞬きやこすれに強く、濡らしてもよれずに崩れない。描きたてのキレイさが1日中ずっと続きます。

内容量：0.12g ／ ¥1,600 ／株式会社ジェイ・ウォーカー

**一日中潤い＆透明感キープ！
崩れないミネラルファンデ**

天然ミネラル成分でできた肌に優しいミネラルファンデーション。シルクのヴェールで、パウダーなのに一日中潤いキープ。崩れにくく、つけ心地は軽いのにしっかりと毛穴をカバー。きめ細かな美肌へと導きます。石鹸で落ちるほど優しく、ストレスフリーな肌を実感。

内容量：6g ／ ¥3,300（税抜）※パフ別売 ／ VINTORTE（ヴァントルテ）

Masako's Favorite

Face Wash

クレンジング
モイストゲルクレンジング

美容液成分99.3%のクレンジングで潤いアップ！

保湿成分のみでメイクやお肌の汚れを落とし、洗い上がりは「すっきり&しっとり」！こんにゃくスクラブで毛穴汚れや古い角質もすっきり。エイジングケア成分も贅沢に配合し、なんと成分の99.3%美容液成分！W洗顔不要で仕事や家事に忙しい方にもぴったり。機能性も抜群のクレンジングです！

内容量：150g ／ ¥2,848（税抜） ／株式会社リ・ダーマラボ

美容ドリンク
豊潤サジー

栄養豊富な天然オールインワンドリンク

スーパーフルーツ「サジー」のドリンク。ビタミン、ミネラル、アミノ酸など栄養豊富なオールインワンドリンク。貧血、便秘、冷え性など女性特有のお悩みに効果あり！保存料・香料・着色料を一切使用していない100％自然原料だけで作られているから安心して飲めるのもポイントです。

内容量：900mL ／ ¥3,759（税抜） ／株式会社フィネス

洗顔料
ミルキュア ピュア ウォッシュ & パウダー

ピュアな素肌へ！ 贅沢ミルクの洗顔料

ハチミツ状のウォッシュ（液体）と、タンパク分解酵素配合のパウダーを混ぜて使う泡の立たない洗顔料。しっとりした手触りのヒミツは、提携牧場の牛から搾ったミルクの保湿成分。お肌のコンディションに合わせてカスタマイズできるので、肌質や季節を問わず使えます。

内容量：ウォッシュ 250mL・パウダー 50g ／ ¥3,800（税抜）／株式会社ハウス オブ ローゼ

洗顔石鹸
VCO マイルドソープ

"母乳と同じ成分"が、ぷるフワ赤ちゃん肌を作る美容石鹸

VCO（ヴァージンココナッツオイル）を贅沢に配合した美容洗顔石鹸。生クリームのような濃密な泡が、毛穴汚れをすっきり落とします。VCOは母乳と同じ成分「ラウリン酸」が豊富で、赤ちゃんのような美しい肌へと導きます。化学合成物質を一切含まない無添加美容石鹸。

内容量：85g ／ ¥2,847（税抜） ／さくらフォレスト株式会社

Food & Drink

豆乳飲料

しみ込む豆乳飲料

こだわりの有機豆乳で作られた
"おいしい豆乳"で内側から肌力アップ！

豆乳メーカーの生産したこだわりの有機豆乳が主原料。美容を意識し、大豆イソフラボン、コラーゲンなど有効成分を入れた一味違う仕上げのプレミアム豆乳。欠かさず1本、毎日飲んで肌力アップ。化粧だけじゃない。生活習慣に豆乳を取り入れ内側から美しく！

内容量：125g×12本／¥1,805(税抜)／マルサンアイ株式会社

サプリメント

生酵素サプリメント OM-X（オーエム・エックス）

酵素を手軽に効率よく摂取する
生酵素サプリメント！

65種類の国産原料を一切加熱をしない独自の生酵素製法で3年間発酵熟成。生酵素エキスを、飲みやすいカプセルに凝縮したサプリメント。厳選した12種類の乳酸菌で発酵させることで、アミノ酸やビタミン、ミネラルなど、40種類以上もの栄養素をギュッと凝縮！

内容量：90粒(約30日分)／¥8,472(税抜)／株式会社オーエム・エックス

サプリメント

すっぽん小町

すっぽんのぷるっぷるコラーゲンで
美しく健康に！

美と健康に必須のコラーゲンは、35歳を境に激減。「すっぽん小町」は築地市場でブランド品と扱われる国産すっぽんのみを贅沢に使用しており、コラーゲンの素となる良質なアミノ酸がたっぷり。すっぽんのぷるっぷるコラーゲンで毎日のキレイと元気をサポートします！

内容量：1袋62粒入り(約1ヵ月分)／¥2,800(税抜)／ていねい通販

発酵梅

プラムクイーン

美味しく食べて、お腹すっきり！
"便秘解消発酵梅プラムクイーン"

キムチの本場韓国の発酵技術から生まれた"自然食品"。梅を丸ごと生薬(アロエ・明日葉など)とともに独自のレシピで発酵熟成。たったの3日に1粒で、便秘の悩みもすっきり解消！ 安全、安心の発酵梅で腸内環境を整えましょう！

内容量：約14g／¥900(税抜)／株式会社 TEAM

Masako's Favorite

097

MASAKO MIZUTANI
Interview

体の変化
Change in my body

　今、私は47歳。今年の9月には48歳になります。40代前半の頃と比べて"変わったかな"と思うのは、体の中の変化。以前と比べて、食事が偏ると顔に出やすくなるし、疲れやすいというのもあるし、基礎代謝も落ちてるかなって。やはり自分の年齢をひしひしと感じるようになりました。

　一番はっきりと感じるのが、前よりも冷え性になったこと。どうやら年齢とともにホルモンバランスの変化で体温調整がうまくいかなくなるみたいですね。それを改善するには体を温めることが大事。そう思って始めたのが、朝お風呂に入ること。それも湯船に必ず浸かる。シャワーだけだと体が温まらないので、夏の暑いときでも朝晩ともに湯船に浸かります。私の場合は41℃ぐらいのお湯にゆっくり入る

感じ。洗顔したあとにシートマスクをピタッとつけて、15分ぐらい湯船に浸かると本当に体がポカポカして気持ちいいし、お肌の保湿効果もあるし、代謝もよくなった気がします。

　美容に関していうと、お手入れ自体は以前と変わりませんが、40代後半になってからは、よく保湿をするようになりました。やっぱり保湿って大事ですね。やるのとやらないのとではお肌の調子が全然違います。

　肘にも年齢が出てきているから、しっかり保湿するようになったし。以前はパーツごとに保湿していたけど、今はとにかく全身保湿。お風呂で温めたら、化粧水を全身に塗って、その後ボディクリームを塗ってすぐ服を着る。そうするとしっとり。朝晩のお風呂上がりにやっています。

Interview

| Interview |

シンプル・イズ・ベスト
Simple is the best

　ライフスタイルの変化でいうと、以前より規則正しい生活をするようになりました。毎日の生活リズムがだいたい決まっているので健康的な生活を送れているように思います。睡眠時間も以前より多くとるようになりましたね。早く寝たほうが健康になるのかなと思って。

　食事もだいぶ変わりました。油ものが減って、根野菜とか野菜類をバランスよく食べるようにしています。年齢的に消化が遅いので、なるべく夜は少なめにして、晩ご飯が終わったあと、夜8時以降は食べないようにしています。どうしてもお腹が空いたら、飲み物やカロリーが低いものをとってお腹を落ち着かせます。お昼にお友達とランチに行ったときは、自分だけ夜は食べないようにしたり、食べる量を調整したりしていますね。

　それでも気になるので、時々デニムのパンツを穿いて自分が太ったかどうかをチェック。お腹まわりがちょっときつくなったら気をつけないと。最近ゆったりしたスタイルが流行っているので、知らないうちにある日突然太っているかもしれないから要注意ですね。

　ファッションも変わりました。最近はよく、「シンプルになった」って言われます。年齢的なものもあると思いますが、自然にシンプルな服を好むようになりました。ただ、シンプルでもデザイン性のある服を選ぶようにしてるかな。

　色もモノトーンが多くなりました。以前は柄物が好きでしたけど、今はお店で一瞬手にとってみても、「やっぱり違うかな」って思って戻しますね。色物でごまかすよりもシンプルで自分のよさを引き立たせてくれるものを選ぶ。「シンプルなほうが自分をもっと素敵に見せてくれるんじゃないかな」と思って。着る服はシンプルでも、髪型とか小物とかで雰囲気ががらっと変わるので、それもまた楽しめるところですね。

　髪型も変わりました。あまり髪を巻かなくなりました。以前よりナチュラルに。そのほうがキレイなのかなと思って。巻いてると、作り上げられた感じがするので、それよりもシンプルな髪型のほうが自分らしさを引き出してくれるような気がして。

　最近思うのは、ファッションでも髪型でもメイクでも、シンプルが一番いいのかなってこと。食材じゃないけど、自然そのままの素材の味を出すっていう感じ。"すっぴん感"を大事にしたいなって思います。だからメイクもナチュラル系。あんまりコテコテに重ねるよりも、すっぴん感があるほうが若く見られるようになりました。

　自分にとって必要なものだけ残して余計なものを引いていく"引き算スタイル"。あれもこれもやりすぎずに、ナチュラルに、シンプルに。自分のいいものを引き出したほうがいいのかなって。40代後半になるにつれて、自然にそう思うようになりました。

ストレスフリーに生きる
Stress-free

　普段の生活で心掛けているのはストレスフリーな生活。そのためには1日中、家の中にいることはしないで毎日外に出ること。家にこもっていると、どうしても知らず知らずのうちにストレスがたまってしまうので、できるだけ外に出るようにしています。

　外に出るといっても、何も特別に着飾って外出するわけではありません。夕飯のお買い物に出るだけでもいいと思います。私の場合は買いだめはしないタイプなので、その日の夕飯の食材を買いに、必ず近くのスーパーに買い物に行くようにしています。それだけでも気分転換になります。

　疲れているからといって、ただ横になっているだけではストレス解消にはならないと思うんですよね。お買い物でも、お友達と会うのでも、散歩でも何でもいいですけど、家にこもっていないでとにかく外に出てみるだけで私は気分転換になっています。

　趣味の時間を持つことも私にとっては大事なこと。ネイルしたりアクセサリーを作ったり、自分の好きな趣味をすることがストレス解消に繋がっているのだと思います。

　美容も私にとっては趣味のようなものなんです。友達からよく「なんでそんなふうに楽しそうにできるの?」って言われるくらい。「毎晩きちんとお肌のお手入れをしなきゃいけない」って思うと、どうしてもストレスに感じてしまいます。「完璧にやろう」と思えば思うほど、面倒になってしまうもの。でも、たとえばシートマスクをつけてみて、それでお肌がキレイになったと感じれば嬉しいですよね。毎晩シートマスクをつけるのが楽しくなる。楽しくなれば、それが"趣味"になるかもしれません。やらなきゃいけないと思うと楽しくないけど、趣味に変われば美容も楽しくできます。

　お仕事だって、やらなきゃいけないと思うとストレスになって嫌になりますよね。だから楽しんでやるようにしています。"趣味"とはいいませんが、主婦をしているだけでは味わえない、いろいろな経験をさせていただけるのは嬉しいこと。私はお仕事も楽しみながらやらせていただいています。

103

大事な家族

Family

　主婦をしながらこうしたお仕事をさせていただいている、私のライフスタイルは以前とまったく変わっていません。お兄ちゃん（長男）が大学生になって、家を出て一人暮らしをするようになったので、その点では以前より自分の使える時間が少しだけ増えたように思います。お風呂にもゆっくり浸かれるようになったし、寝る時間も早くなったし。いつも家にいた子がいないのは寂しいですけど、LINEで連絡もちょくちょくくれるし、家を出て自立したことでしっかりしてきたのかなって嬉しく感じます。

　24歳になる娘とは、母親と娘というよりも友達感覚。フレンドリーな感じでつき合っています。娘や娘の友達の恋愛相談に乗ったり。私が娘を出産したのが23歳のとき。それを言うと娘は「考えられない！」って言いますけど。

　おかげ様で家族仲はいいほうだと思います。ありがたいことに2人とも反抗期らしい反抗期もなく、子育てが大変だなと思うこともありませんでした。

　やっぱり家族と毎日話をすることは大事だと思います。たまに私が何もしゃべらないでいると、「体調悪いの？」って聞かれるぐらい。主人とも毎日何かしらの話をしますし。主人は私にとって一番の"よき相談相手"という感じでしょうか。もちろんケンカになりそうなときもありますけど、そういうときはお互いに黙ってますね。そうして時間が経つと自然にまた元通りになっている感じ。私も性格的に根に持たないタイプなので、いつも時間が解決してくれますね。

　家のことはたいてい私がやるようにしています。主人はほとんど家事はやりません。電球が切れていても「切れてるよ」って言うだけで終わるし。「じゃあ私がやるしかないかな」って。

　それでも主人に家事をやってほしいとは思いません。私も好きなことをやらせてもらっているので、それは感謝しなきゃいけないですし。好きなことをやらせていただいてる分、家事はなるべく私がやるようにしています。

　やるといっても雑ですけどね。"完璧にやらなきゃいけない"なんて思うとやはりストレスになるので、あまりそこまで考えずに、無理せずにできることをやるようにしています。

　効率よく家事をやり、仕事をやり、趣味の時間も持つ。それも無理せずに自分のできる範囲の中で。それがストレスフリーな生活に繋がっているんじゃないかなって。

　それができるのもやはり主人や子供たちのおかげです。今のお仕事を続けていられるのも家族の理解とサポートがあるからこそ。主人や子供たちには本当に感謝しています。

Interview

終
Epilogue
おわりに

　皆さん、『水谷雅子スタイルブック』はいかがだったでしょうか？

　衣・食・住・美。この本では本当にありのままの水谷雅子をご紹介させていただきました。皆さんのライフスタイルにお役に立つ何かがありましたでしょうか。

　最初に『美魔女Beauty』を出させていただいてから、早いものでもう4年が経ちました。当時43歳だった私も今は47歳。"アラフィフ"と呼ばれる年齢に差しかかりました。

　『美魔女Beauty』のあとがきにも書きましたが、当時40代後半になった友達が私にこう教えてくれました。

　「雅子ちゃん、45歳以上になるとお肌のステージがまた変わるよ」

　その言葉を今、実感しています。お肌もそうですけど、白髪も増えたし、体の中が40代前半と変わってきたのかな……、そんなふうに感じます。

　年齢とともに衰えていくのは仕方のないこと。でもそれを少しでも遅くすることはできるはず。それはやはり"努力"だと思います。お化粧に頼るだけではなくて、日頃のお手入れが大事。面倒くさいと思ってやらないでいると、どんどん衰えていくだけです。私も若い頃はただ興味本位にやっていましたが、今は「キレイでいたい！」

そういう気持ちで毎日お手入れしています。

　久しぶりに友達と会って、
「変わらないね。すごく肌キレイ」

　そう言われると、やっぱりすごく嬉しいですよね。この年齢になると「変わらない」っていうのが一番の褒め言葉だから。いい意味での"現状維持"です。

　そのためには毎日続けること。面倒くさくなって途中でやめてしまっては意味がありません。やれば必ずお肌は、そして体は応えてくれます。まさに"美は一日にして成らず"です。

　ストレスフリーな生活を心がけることも大切。家事に追われて家にこもっていてはどうしてもストレスがたまります。できるだけ時間を作って外に出たり、お友達と会ったり、趣味を楽しむ、そんな時間を持つこともキレイでいるためには必要だと思います。

　私の今の目標は、
「50歳になってもキレイでいること」

　それも無理のないキレイさ。若く見られるのは嬉しいけれど、不自然なキレイさではなく、年相応、その年齢なりの自然な美しさ。

　そのためにも、今まで通り、自分らしいライフスタイルで"ありのままの私"を大切にしていきたいと思います。

　50歳まであと3年。頑張りますね。

SHOP LIST

E.SA.White
☎06-6226-7110
http://www.esawhite.com/

EBM
☎0120-824-028
http://ebm-cosme.jp/

VINTORTE（ヴァントルテ）
☎0120-836-400
http://www.vintorte.com/

オーエム・エックス
☎0120-17-2385
http://www.om-x.co.jp/

オリファ
☎0120-518-850
http://orifer.jp/

KATARERU（カタレル）
☎03-6821-7818
http://www.katareru.jp/

クイーンズバスルーム
☎0120-600-288
http://queensbathroom.jp/

さくらの森
☎0120-842-555
http://sakura-forest.com/

サジージュース通販のフィネス
☎0120-129-129
http://www.finess.jp/

株式会社セイイビューティー
☎0120-69-3893
http://www.mnhp.jp/

長寿の里
http://www.chojyu.com/

ていねい通販
0120-556-096
http://www.teinei.co.jp/

ハウス オブ ローゼ　オンラインショップ 本店
0120-785-808
http://www.hor.jp/

プラセンタのステラ
0120-388-053
https://www.stellar-co.jp/

プラムクイーン
0120-655-569
http://plumqueen.com/

Primo Ordine（プリモディーネ）
06-6708-1011
http://flair-shop.jp/

マル直くん（マルサンアイ）
0120-929-333
http://maruchoku.com/

LANAREY
06-4962-5157
http://lanarey.jp/

RERUJU
0120-916-306
http://reruju.com/

リソウコーポレーション
0120-4843-50
http://www.risou.com/

リ・ダーマラボ
0120-288-361
http://re-dermalab.jp/

YSK働く女性研究所
0120-791-691
http://www.workingwoman-lab-onlineshop.jp/

―――――― Profile ――――――

水 谷 雅 子
MASAKO MIZUTANI

1968年生まれ、愛知県在住。雑誌の読者モデルを機に「美しすぎる40代」として、日本だけでなくアジア各国でも話題に。24歳と22歳の子を持つ母でもある。

―――――― Staff ――――――

企　　画／高畠久美子（太田プロダクション）
撮　　影／川しまゆうこ
デザイン／吉田有希（有希デザイン事務所）
構　　成／鈴木実（21世紀BOX）
撮影協力／後田和美
編　　集／市村阿理（双葉社）

Special thanks to

SUD et NORA、Houkaen、四間道レストランMATSUURA、マグ

水谷雅子　スタイルブック
2016年2月24日　第1刷発行

著　者　水谷雅子
発行者　稲垣潔
発行所　株式会社双葉社
　　　　〒162-8540　東京都新宿区東五軒町3番28号
　　　　［電話］03-5261-4818（営業）
　　　　　　　　03-5261-4835（編集）
　　　　http://www.futabasha.co.jp/
　　　　（双葉社の書籍・コミック・ムックが買えます）
印刷所　三晃印刷株式会社
製本所　株式会社 宮本製本所

落丁、乱丁の場合は送料弊社負担でお取り替えいたします。「製作部」宛てにお送りください。ただし、古書店で購入したものについてはお取り替えできません。【電話】03-5261-4822（製作部）

本書のコピー、スキャン、デジタル化等の無断複写・転載は著作権法上での例外を除き禁じられています。本書を代行業者等の第三者に依頼してスキャンやデジタル化することは、たとえ個人や家庭内での利用も著作権法違反です。

定価はカバーに表示してあります。

ISBN978-4-575-30995-9 C0076
©Masako Mizutani 2016